Dépasser le découragement

Pour contacter l'auteur :

sagawes@aol.com

© Sonia Sagawe

Édition : BoD · Books on Demand, 31 avenue Saint-Rémy, 57600 Forbach, bod@bod.fr

Impression : Libri Plureos GmbH, Friedensallee 273, 22763 Hamburg (Allemagne)

ISBN : 978-2-3225-6020-2

Dépôt légal : Janvier 2025

Sonia Sagawe

Photographe : Pascal Stinflin

Dépasser le découragement

Prendre conscience des 4 phases

Pour les surmonter et aller de l'avant

Si vous avez aimé ce livre,

Merci de mettre un **commentaire** sur Amazon pour que d'autres sachent combien vous l'avez apprécié.

Cela me fera très plaisir et me touchera beaucoup, soyez en sûr.

Si vous souhaitez obtenir la version Ebook, envoyez-moi un mail avec la photographie du livre et je me ferai un plaisir de vous l'envoyer.

sagawes@aol.com

Merci à vous.

Sommaire

Remerciements

Un immense merci à **Freddie Pascale WABO** pour avoir accepté d'écrire la préface de mon livre.

Je suis honorée de sa confiance dans mon projet.

J'ai connu Freddie, grâce à Agathe Jeanne D'Arc et son évènement « le sommet de la visibilité » qui a lieu à Paris.

Nous avions discuté de la gestion du temps.

Freddie a un réel don avec les mots.

Elle est très douée en copywriting.

J'apprécie de lire ses posts sur Facebook, son écriture est fluide et agréable, avec un contenu utile et de la réflexion.

C'est aussi une excellente coach.

A mes 4 enfants, devenus de merveilleux adultes, je suis très fière de vous.

A mes 3 adorables petites filles, vos sourires et vos joies sont un bonheur.

A mon mari, qui me soutient inconditionnellement dans tous mes projets.

A ma mère et mon frère, qui sont mes racines.

A mon père.

A Stéphanie Néri, coach au grand cœur d'or, merci de ton soutien et de ton aide précieuse, tu m'as beaucoup aidé.

A Norma Di Leone, coach et amie, une dame formidable.

A Justine et sa petite fille Célestine - son rayon de soleil - et à sa maman.

A toutes ces belles rencontres, vous êtes tous et toutes formidables.

Merci à vous, qui avez ce livre dans vos mains, de votre attention et votre confiance.

Merci à tous ceux qui m'ont soutenue, votre enthousiasme m'a convaincue d'écrire ce deuxième livre.

Je vous souhaite une agréable lecture.

Au plaisir de vous rencontrer.

Préface

Nous avons tous des épreuves dans la vie.

Cependant, chaque épreuve est un test, une opportunité déguisée de se découvrir plus forte, plus résiliente, plus déterminée à atteindre vos objectifs.

Sonia Sagawe l'a compris, et c'est avec toute sa sagesse qu'elle vous tend la main à travers cet ouvrage pour faire face au découragement.

Ici, il ne s'agit pas seulement de comprendre les phases de découragement, mais de les traverser avec des outils pratiques pour en sortir grandi.

Sonia écrit pour les âmes audacieuses, celles qui refusent de céder face à l'adversité.
Elle écrit pour ceux qui, même à genoux, trouvent la force de se relever.
Dans ces pages, elle partage non seulement des outils pratiques et des réflexions profondes, mais aussi son propre cheminement, avec une sincérité qui touche au cœur.

Ce livre est une promesse que, peu importe les défis, vous avez en vous la capacité de vous transformer en warrior de la vie.

Vous apprendrez à faire de vos doutes des tremplins et de vos cicatrices des médailles de victoire.

Alors, plongez dans cet univers d'endurance et de courage pour accomplir vos projets coûte que coûte

Freddie Pascale WABO

Business et Mindset Coach

Spécialisée en leadership conscient et copywriting d'impact.

https://www.facebook.com/share/1AxNudTnuH/

Et son groupe de soutien aux contenus exclusifs :

https://www.facebook.com/groups/8788663268 17392

Avant-propos

En écrivant mon premier livre « Comment devenir une warrior de la vie ? », j'ai pris conscience qu'avoir des enfants autistes : c'est faire le deuil de l'enfant rêvé.

J'ai donc repris les phases du deuil pour les adapter et comprendre comment passer ces étapes pour accepter l'enfant tel qu'il est et voir combien il est extraordinaire.

En préparant ma première conférence, je pensais à ces différents paliers.

J'ai réalisé un point important.

Ces phases de deuil peuvent s'adapter à chaque épreuve, chaque difficulté que nous rencontrons au cours de notre vie.

Je les ai alors transposés en une nouvelle définition :
les 4 phases de découragement, et la phase
d'encouragement.

Je viens partager avec vous ces étapes au travers
de mes réflexions et de mes expériences
personnelles.

Puissent-elles vous faire mieux comprendre ce que
vous traversez, mieux comprendre où vous en êtes.

Introduction

En traversant des épreuves, des difficultés, il est possible qu'il y ait un avant et un après. Que ce soit peut-être un moment marquant de votre vie.

Questionnons-nous :

Face à cette épreuve, cette difficulté :

Comment nous comportons nous ?

Comment réfléchissons-nous ?

Comment intégrons-nous ce qui est ?

Comment agissons-nous ?

Comment réagissons-nous ?

« We know what we are, but
know not what we may be »
William Shakespeare, Hamlet.

« Nous savons ce que nous sommes, mais nous ne savons pas ce que nous pourrions être. ”

« Nous ne savons pas de quoi nous sommes
capables avant d'avoir essayé »

Sonia Sagawe

Chapitre 1

Le déni

Ce que l'on ne veut pas voir

Commençons par la définition du mot DENI, d'après Ariane Bilherhan :

« Le déni est un mécanisme de défense, une armure, que le psychisme endosse face à la violence d'une situation qu'il n'est pas en mesure d'admettre sinon cela le détruirait. C'est un mécanisme de survie. »

Je refuse de voir ce qui est, je refuse de traverser cette épreuve ou cette difficulté.

Cela me parait insurmontable. Elle n'existe pas.

Je peux être dans une situation de déni face à une difficulté, face à une trahison, face à une situation impossible à envisager.

Revenons à des exemples nous concernant au quotidien.

Je vous propose cet exemple ci :

Je vais partir de ma propre difficulté, car cela m'empêche d'avancer dans mes projets :

Comment faire des vidéos et oser faire face à la caméra et la lentille.

J'avais compris que je devais faire des vidéos afin de pouvoir raconter des histoires et les mettre sur des réseaux sociaux, pour intéresser les personnes, mais je ne savais pas comment y parvenir.

Refaire encore et encore la vidéo.

J'ai songé qu'il faudrait peut-être faire des vidéos en direct : Je me suis figée.

Plus de son !

Complètement figée.

Je me rappelle encore la voix du coach, nous étions en zoom, « Sonia, tu es là ? tu es figée », « Oui, oui, je suis là, désolée. »

Là, ce n'était pas possible. Je ne pourrais pas recommencer, je ne pourrai reprendre si je bafouille, si j'ai oublié ce que je veux dire.

Cela me paraissait insurmontable.

A ce moment-là, j'ai mis en place ma valise d'excuses : je le ferai plus tard car je n'ai pas le temps, je n'ai pas une grosse communauté, une vidéo de temps en temps c'est suffisant.

Et puis, je ne sais que dire en direct ?

Parler à qui ? Est-ce que je vais intéresser quiconque ?

Etc.

Vous avez compris ?

En fait, j'évite complètement le sujet.

Je stagne.

Avec le risque de finir par faire un sentiment d'incompétence : je ne sais pas faire.

Je risque d'abandonner.

Cela qui m'arriver peut arriver à tous.

Nous faisons des scénaris dans notre tête, nous tournons en rond dans nos pensées, qui deviennent souvent négatives et hypothétiques.

Car nous anticipons un futur supposé.

Il me faut prendre conscience que je suis en train de mettre en place des stratégies d'évitement, parce que j'ai peur.

Peur de me tromper, peur de bafouiller, peur de ne plus savoir que dire.

Peur du regard de l'autre de son jugement, de sa critique, de décevoir.

Et cette peur prend tellement de place, que je vais éviter de réaliser cette vidéo en direct.

Après tout, certains ne montrent pas leurs visages.

Pourtant, je dois reconnaitre qu'il est plus agréable de voir le visage de la personne, de voir ses réactions, ses mimiques, sentir que l'on est en phase avec elle, avec ce qu'elle pense, en écoutant ce qu'elle décrit.

Si je préfère voir les personnes qui s'expriment, alors cela doit être réciproque, les personnes qui me regarderont seront empreinte de bienveillance (pour la plupart).

Pourtant je stagne pour ne pas arriver à cette phase-là.

Je viens de vous décrire la phase du déni.

Je refuse d'ouvrir les yeux sur ma peur, je préfère rejeter la responsabilité de mon refus sur autre chose, ou sur quelqu'un.

Je refuse de traverser cette peur, c'est effrayant.

Je me trouve des excuses.

Après tout, on peut vivre sans faire de vidéos en direct.

Si j'osais surmonter cette panique, j'accepterais de sentir l'anxiété et monter en vagues en moi.

L'anxiété est un signal qui me prévient d'un danger, ainsi vais-je observer et surveiller : en mode gestion du risque. Je recule.

Je doute de moi, je peux basculer vers l'impuissance qui peut engendrer l'impression de ne rien contrôler.

Comme lorsque je marche sur de la glace, je prends le risque de tomber et de me faire mal physiquement.

Or si je reconnais ma peur, je peux mettre des mots sur cette émotion.

Si je mets des mots, je peux prendre de la distance avec cette peur, la rendre moins effrayante.

Voire la dépasser : j'essaie !

Après tout, j'ai aussi des choses à dire.

Pour avancer et dépasser ce stade, il me faut trouver une zone où je suis bien, où je suis en sécurité, une zone que je contrôle.

Aussi, je pourrais me dire : oui, je ne contrôle pas tout, mais cela va aller.

Comment avancer ?

Par exemple, avant de faire des vidéos en direct, je propose des vidéos que je vais poster. Au besoin, je les retravaillerai plusieurs fois, je peux réussir.

Un pas à la fois, je peux le faire !

Et en avançant, je me remets en action, en mouvement, je remets de l'énergie.

Je retrouve de la motivation.

Je découpe cet obstacle insurmontable en petits défis plus faciles. J'avance.

« Life will always be hardest when you're crossing over to a new level. Don't get discouraged »

La vie sera toujours plus difficile lorsque vous passerez à un nouveau niveau.

Ne vous découragez pas

Chapitre 2

La colère, la frustration

Ce que l'on ne maitrise pas

Après avoir tergiversé sur ce que je ne voulais pas faire, je prends la décision de faire un live.

A ce stade, je me suis donné l'autorisation d'aller au-delà de mes peurs, de faire ce pas.

Il va falloir surmonter un autre challenge.

Je n'ai pas appris à parler à la caméra : à la lentille de la caméra plus précisément.

Alors où dois-je poser mes yeux ?

Comment m'adresser à quelqu'un que je ne vois pas.

Au niveau technique, où appuie-t-on sur Facebook pour faire un live ?

Découvrir qu'il y a un bouton à cocher sinon la vidéo est effacée après 30 jours.

(Quand on pense à tous les efforts pour arriver à ce live, et Facebook pourrait effacer d'un clic !).

Il me faut un plan d'action.

D'abord je vais m'engager avec quelques personnes sur la date et l'heure de mon live, ainsi pas de retour en arrière possible.

Je vais faire des vidéos avant cette date pour m'entraîner sur ce que je veux dire.

Je prépare le texte.

OK.

Lancement de la vidéo qui sera…uniquement sur mon téléphone pour moi.

J'y vais, j'appuie. Je me lance.

Je coupe, j'ai éprouvé des difficultés à me lancer, je bougeais sur ma chaise.

Je reprends.

J'écoute et je me juge : « non on sent mes hésitations, mon manque d'assurance ».

Je recommence encore, encore.

Et puis arrive la date que j'ai fixé.

Nous sommes samedi, il est 11h.

Mes mains sont moites.

Mon cœur bat vite.

Allez, courage, tu t'es engagée à le faire.

Relève ce défi.

Tu vas y arriver.

J'appuie sur le bouton.

Le décompte commence : 3, 2, 1, c'est parti.

Le live se déroule et se termine.

Ouf, personne ne s'est connecté pendant que je le faisais.

C'est une première étape de franchie.

Un peu plus tard, dans la journée, je revois la vidéo.

Evidemment, je ne vois que ce qui ne va pas.

Je n'aime pas ma voix, je n'ai pas l'habitude de m'entendre.

Je me rends compte qu'on sent mon stress dans ma posture.

Alors monte une frustration, cette image de moi n'est pas celle que j'aurais aimé montrer.

Je voulais paraître à l'aise.

C'est décourageant.

Cette frustration du résultat amène la colère.

Colère devant la technique qui parait compliquée quand on ne la maîtrise pas.

Colère devant le résultat qui n'est pas celui qu'on que l'on espérait.

Impatience devant le temps et l'énergie dépensés pour pouvoir paraître à l'aise.

A ce moment, je risque d'abandonner.

Trop à apprendre,

Trop de choses à intégrer,

Trop de temps passé pour un résultat insatisfaisant

Aurais-je du faire un petit clin d'œil au public pour dissiper cette gêne ? Un petit commentaire ?

Je suis toujours submergée de doutes.

Chapitre 3 :

L'injustice

Quand je me compare

Je décide donc de continuer, de persévérer.

Peu à peu, une aisance s'installe.

Je peux avoir envie à ce moment de regarder ce que d'autres proposent en vidéos, et essayer de me situer parmi eux.

Je prends un risque : la personne considérée réalise peut-être des vidéos de façon plus professionnelle, avec une belle lumière, un beau décor. Son discours est soigné, intéressant, impactant.

En me comparant, je me trouve désavantagée.

Mon éclairage n'est pas aussi bon, le son n'est pas assez net.

Pourquoi y arrive-t-elle et pas moi.

Je travaille de toute mon énergie, j'essaye.

Pourquoi cela semble facile pour cette personne.

En fait, je ne considère pas le contexte.

Cette personne fait des vidéos depuis 3 ans, moi depuis 3 mois.

Ce n'est pas comparable.

L'aisance devant la caméra ne peut pas être la même.

Et puis j'ai une activité professionnelle, avec un temps libre réduit.

Alors que cette personne peut éventuellement investir plus de temps.

Enfin, je ne connais pas non plus la vie de cette personne, ses combats. A quoi elle a dû faire face.

Est-ce que cela fonctionne si bien que cela à chaque fois ? Qu'en pense-telle ?

Refait-elle ses vidéos, elle aussi ?

Combien de temps passe-t-elle en préparation ?

Quels ont été ses difficultés personnelles, matérielles ?

Je n'en sais rien car peu de gens communiquent sur ce qui se joue en arrière-plan.

Quelques intervenants commencent d'ailleurs à exprimer les problèmes, les impayés, les doutes, les mois creux, et surtout : le travail derrière à fournir en durée et régularité.

Continuer à publier malgré les doutes et les obstacles.

Donc je continue à fournir des efforts, je persévère, je tiens bon.

C'est le démarrage, je dois me laisser la chance d'aboutir.

J'accepte mon image,

J'accepte ma posture un peu tendue encore,

Je la corrige dès que je peux.

J'améliore le décor en arrière-plan.

Les vues commencent doucement, tout se passe bien.

En fait, les premiers regards sont ceux de ma famille et mes amis.

Et ils, elles m'accordent leurs bienveillances.

Je pense que les premiers spectateurs de mes vidéos sont à priori favorables et que mes quelques maladresses peuvent attirer la sympathie et les sourires.

Je trace ma route, j'avance.

Un pas à la fois.

C'est un sacré défi.

Une Gageure.

Créer sa propre trace.

Le risque est le sel de la vie.

« N'allez pas où le chemin peut mener, allez là où il n'y a pas de chemin et laissez une trace »

Ralph Waldo Emerson

Chapitre 4 :

La critique,

Comprendre comment tu peux avancer malgré les critiques.

Dans la phase précédente de découragement, je prends le risque d'abandonner en me comparant.

Dans cette 4ème phase de découragement, ce n'est pas moi qui décide de regarder les autres, ce sont les autres qui viennent à moi.

Et ils peuvent décider de laisser un commentaire, celui-ci peut être positif, ou négatif.

Et la critique nous pose un problème.

C'est très difficile de se sentir jugé, surtout négativement.

La critique peut être constructive et permettre de s'améliorer.

Mais les critiques peuvent aussi être blessantes, acerbes, insultantes.

Ces critiques peuvent nous heurter, nous faire douter, baisser notre estime de soi.

Il est possible que certaines personnes mal intentionnées profitent de l'anonymat pour se permettre des jugements négatifs, voire sarcastiques.

Je peux me résoudre à prendre la fuite et à abandonner parce que je me sens blessée.

Pourtant, je peux aussi leur « rendre » ces critiques. D'accord, vous pensez cela, mais je ne suis pas d'accord avec vous, ces pensées je vous les rends, je n'en veux pas. Je ne suis pas responsable de ce de votre méchanceté.

Je décide de mon attitude. Ce que je recherche est une qualité dans les rapports humains, pas la négativité ni l'affrontement.

Don Miguel Ruiz, dans son ouvrage « les quatre accords toltèques », nous explique :

« Si vous ne prenez rien personnellement, vous êtes protégé »

« Lorsque vous faites une affaire personnelle de ce qui vous arrive, vous vous sentez offensé et votre réaction consiste à défendre vos croyances »

« Ce que vous pensez, ce que vous ressentez, c'est votre problème, pas le mien. C'est votre façon de voir le monde. »

Alors avançons sereinement.

« Quand je me regarde, je me désole.

Quand je me compare, je me console. »

Daniel Johnson, années 1960.

Premier ministre Québécois.

Chapitre 5

Avoir conscience de ces 4 phases de découragement

Je vous ai relaté ces 4 phases de découragement pour que vous preniez conscience de leur existence.

Ces phases sont à traverser, à chaque épreuve, à chaque difficulté.

Elles nous empêchent d'aller avec sérénité vers nos rêves.

Être un ou une warrior de la vie, c'est faire face à :

- *La phase de déni* : Les blocages viennent de mes peurs, de mes doutes, de mes croyances.

- *La phase de colère* : devant les difficultés à chaque étape, le sentiment de frustration car je ne maitrise pas la technique, ou je n'ai pas le résultat attendu.

- *La phase d'injustice* : en voulant me comparer aux autres, j'oublie que je suis unique.

- *La phase de déprime* à la suite des critiques que je reçois.

  Réussir à se dire : mais si ce que je dis ne leur plaît pas, pourquoi restent-ils ? ils peuvent quitter la page.

Quand je me lance dans un projet, ces étapes-là vont me guetter, pour voir si je vais abandonner, renoncer ou résister.

Alors :

Soyez une warrior dans la vie, celle qui sait qu'il y a suffisamment de moments précieux qui couvriront toutes les douleurs, les doutes, les épreuves. Car même les choses les plus dures à vivre peuvent se révéler être des cadeaux,

Je n'abandonne pas.

Ce n'est pas une option.

Je ne veux pas regretter de ne pas être aller au bout de mon rêve, de mon projet, de mon idée.

Chapitre 6

Phase d'encouragement,

J'accepte, je lâche prise.

Je fais comme je peux, avec ce que je sais maintenant, Je fais de mon mieux.

Je lâche prise avec mon mental.

J'accepte que je traverse actuellement une de ses phases.

J'accepte ce qui est.

J'accepte où j'en suis.

J'ai peur, mais j'y vais quand même.

Oui, je peux me tromper,

Oui, je vais peut-être bafouiller quand je parlerai en vidéo, ou en conférence,

Oui, je vais peut-être dire « euh », le temps de retrouver le fil de ma pensée,

Oui, je vais peut-être avoir un blanc, un trou de mémoire, (j'en ai eu un lors de ma première conférence d'ailleurs). Si vous savez manier l'humour, vous pouvez même transformer cette gêne en clin d'œil, ce que je ne sais pas encore faire.

Alors j'ai regardé ma fiche résumée. L'audience a accepté ce court instant de pause avec une bienveillance magique, et j'ai pu reprendre le cours de la conférence avec confiance, grâce au public.

Oui, je ne suis qu'un être humain, perfectible, imparfait, et c'est très bien comme cela.

J'assume ce que je suis, où j'en suis.

Je vais faire à partir de là.

Tout cela, c'est moi.

Moi aujourd'hui.

Quand je regarde une vidéo où quelqu'un se trompe, reprend ses notes, est interrompu par son enfant par exemple, je trouve que ces vidéos sont plus touchantes, plus impactantes, car elles nous montrent une vie avec ses imprévus, une vie normale et pas une carte postale figée.

Je suis dans une phase d'apprentissage.

Je m'encourage.

En lâchant prise, je me décontracte, je suis plus détendue, je laisse advenir, j'interromps le doute dans mes pensées qui me freinent, je reviens au présent, à ce qui est en ce moment.

Comme l'écrit Timothy Gallwey, dans « le jeu intérieur du tennis » :

« Ce que je désirais vraiment, c'était d'arriver à surmonter la nervosité qui m'empêchait de donner le meilleur de moi-même et de m'amuser ».

D'autre part, en regardant une série coréenne, un personnage a exprimé cette phrase qui m'a interpellé :

« C'est la première fois que je vis cette vie ».

Alors apprenons.

Vivons et découvrons cette vie.

Mon moi de demain sera encore meilleur, car j'aurais intégré ces difficultés.

Et vous ?

Dans quelle phase êtes-vous actuellement ?

Si vous êtes dans une de ces phases de découragement, combien de temps allez-vous y rester ?

5 minutes, un jour, une semaine, une année ?

Chapitre 7

Comment dépasser les étapes de découragement ?

Je vais vous donner ici les points qui me semblent importants à avoir en conscience pour pouvoir dépasser ces phases de découragement :

1. ***Avoir une prise de conscience.***

C'est-à-dire avoir identifié que vous traversez une de ces 4 phases.

Je peux très bien juste dire : parler en public, ce n'est pas pour moi et je passe à autre chose.

Si je veux parler en public, il faudra que je m'interroge sur la raison pour laquelle cela me parait si difficile.

J'ai un travail sur moi-même à faire pour surpasser mes doutes, mes peurs, mes blocages et ne pas rester dans ma routine.

2. *Le travail*

Je regrette que les vidéos sur les réseaux sociaux soient accès sur l'aspect facile et évident de l'intervention.

Je veux parler en public ? Pas besoin d'apprendre par cœur, juste prendre le micro et on y va avec bonne humeur.

Eh bien non, une conférence : cela se prépare.

Le contenu : quel message passer ?

La façon de le passer ?

Comment vais-je m'adresser au public ?

Je répète mon texte encore et encore, pour que ce soit fluide quand je vais m'exprimer, pour bien l'intégré.

Si je prends le temps de structurer ma pensée, je sais mieux de quoi je parle, dans quel ordre j'annonce les choses, et je sais où je vais.

Je réfléchis et répète ma posture et mes gestuelles pour appuyer mes propos sur scène.

3. Être entouré (e)

C'est important d'avoir autour de vous quelques personnes bienveillantes sur lesquelles vous pouvez compter.

Avoir une personne qui comprend par quoi vous passez, ce que vous traversez, qui va vous soutenir, sans jalousie.

Pour l'exemple de la conférence, je ne peux pas en parler à mes collègues à l'école. Ce n'est pas notre travail, nous sommes là avec un objectif d'amener des connaissances à un groupe d'élèves mais pas sous la forme d'un discours, mais en leur faisant pas à pas, chaque jour, avancer au niveau de leurs apprentissages.

Une conférence, c'est donner un message sur un temps donné, c'est parler devant des adultes qui veulent trouver un intérêt pour eux-mêmes, sinon vous perdez leur attention.

D'autre part, le déni, la colère, l'injustice, la déprime vont me décourager.

Or je dois rester debout,

Pour pouvoir être fière de ce que je fais.

Pour me dire : j'ai fait de mon mieux.

Soyez également cette personne pour l'autre.

Soyez présent quand c'est votre tour d'aider, de parler, d'échanger, ou simplement d'écouter.

4. *Avoir un cahier officiel de mes succès*

Notez dans ce cahier tous les encouragements que les autres vous envoient.

- Les commentaires positifs
- Les likes, les cœurs,
- Les mercis
- Les bravos
- Les « continue »
- Les sourires.

5. Avoir un cahier où je me complimente

L'idée ici est de ne pas attendre une reconnaissance extérieure, mais de se l'accorder.

Et de prendre conscience de ce que je fais de bien.

Qu'ai-je fait, entendu dont je suis fière ?

Des exemples :

Je me complimente d'avoir

- Publié ma vidéo,
- Donné une conférence,

- Eté seule voir un spectacle qui me plaisait où j'ai passé un bon moment,
- Réalisé un beau dessin qui me donne envie de l'encadrer.
- Etc.

6. Travailler mes blessures

Si je veux réussir à avoir de la distance avec les critiques, il faut que je réussisse à ne plus y mettre d'émotion.

Si un commentaire ne me met plus en colère, ou ne me blesse plus, cela veut dire que celui-ci ne me touche pas parce que je pense qu'il ne s'adresse pas à moi.

Il n'est que le reflet de la souffrance de l'autre.

Ce commentaire est un exutoire à sa douleur, je ne suis pas visée par sa remarque.

Néanmoins si cette phrase me met en colère, c'est parce qu'elle touche une blessure en moi qui n'est pas encore cicatrisée et que je dois travailler.

7. Mettre des petits pas

Quand on décide d'un objectif à atteindre, il est important de mettre de petites marches.

C'est en gravissant avec succès chacune de ses marches qu'on finalise notre objectif.

Personnellement, j'ai commencé par prendre un coaching pour réussir à faire face à la caméra, pour ne plus craindre le regard que portera l'autre, pour oser parler à la lentille. Dans le même temps, c'est accepter de se montrer lors des zooms en allumant sa caméra.

Ensuite, il a fallu passer par oser faire des directs sur Facebook, oser se lancer sans filet c'est-à-dire sans pouvoir enlever la vidéo.

Par la suite, oser parler devant des personnes lors de l'évènement pour fêter la sortie de mon livre avant de réussir à donner une conférence devant une centaine de personnes.

Ce qui m'a permis de relever le dernier défi que je m'étais fixé : oser faire une vidéo dans un espace public avec des gens qui circulent autour.

8. L'enthousiasme

La phase d'acceptation emmène vers une émotion merveilleuse : l'enthousiasme, et la joie.

Prêtez-y attention.

L'enthousiasme : quand on a réussi à relever l'épreuve, le doute, le défi, cela nous donne des ailes, nous aide à prendre du recul, éveille notre flamme d'enfant, nous convainc que tout est possible.

L'enthousiasme est un carburant puissant qui nous booste.

9. Diversion

C'est une idée toute bête, et souvent ce qui est simple n'est pas appliqué.

Plutôt que de ressasser ma peine, une trahison, ou une situation qui me bloque, je dois faire autre chose, qui m'oblige à bouger et à changer l'orientation de mes pensées.

Faire alors quelque chose qui n'a rien à voir avec ce blocage.

Par exemple, je suis figée sur ma vidéo, alors je vais aller faire une promenade, m'éloigner un temps de cette caméra et faire quelque chose qui n'a rien à voir. Plutôt que de rester stagner.

Se mettre simplement en mouvement.

Sortir du fauteuil, bouger.

10. Chaque jour est un jour nouveau

Chaque nouvelle journée est une journée remplie de possibilités.

Chaque jour, c'est **MA** JOURNEE, pas celle de quelqu'un d'autre.

Il s'agit de ce que moi je veux, pas de ce que les autres veulent pour moi, mes envies, mes besoins, j'écoute mon cœur pour garder le cap.

Ce que vous pensez de moi … ne me regarde pas.

Apprécier la vie sereinement, profiter du moment, rester joyeux.

Si hier, je ne me sentais pas bien, je ne sais pas ce que me réserve la journée d'aujourd'hui.

Me dire : Qu'est ce qui me ferait plaisir ? Et là maintenant, cette semaine, ce mois-ci ?

Dr Wayne W. Dyer vous propose dans son livre

« le pouvoir de l'intention » cette petite astuce :

« Quand un doute vient, imaginez appuyer sur un
bouton supprimer »

Je supprime ce doute, ces pensées qui moulinent :

 clic !

Tout est possible !

Chapitre 8

La force mentale

La force mentale n'est pas d'éviter mais d'affronter nos peurs, nos doutes, nos croyances, d'assumer nos échecs.

La force mentale est la capacité de penser par soi-même : avoir une pensée indépendante, une pensée critique.

Je n'attends pas une décision ou un choix à ma place, je ne me laisse pas dicter ma conduite, c'est ma vie, ce sont mes choix.

Ne pas me laisser manipuler parce que j'ai pris le temps de me renseigner, de comprendre, et de pouvoir dire non ou oui en toute connaissance de cause.

Peut-être ai-je pris le temps d'écouter des conseils de différentes personnes, ou de sources de connaissances, pour avoir un avis éclairé.

Mais quand j'aurais fait ce choix, l'autre ne pourra pas me faire changer d'avis, car ma force mentale me rappellera pourquoi et comment j'en ai décidé ainsi.

Cela signifie aussi rester ferme dans mes positions, sans être rigide.

C'est aussi réussir à aller au bout de ce qui me fait peur, y faire face, et oser regarder le pire qu'il puisse arriver.

C'est un futur possible, mais pas le seul, il y a tant de nuances.

Chaque choix, c'est un choix de futur, même le non-choix.

Et surtout il y a la possibilité de la réussite.

La force mentale est une préparation aux éventualités, y compris les scénarios les plus inconfortables. Les entreprises et les gouvernements ont toujours un scénario du pire envisagé, pour se tenir prêt. Alors pourquoi ne le ferais-je pas également ?

En analysant d'abord ce qui pourrait advenir de positif, de négatif, je peux me demander :

Quel est le pire scénario possible ?

Est-ce grave ? Pas si grave ?

Puis je le surmonter ?

Cette force mentale se nourrit aussi de la maturité que j'acquiers.

Je m'explique : à travers chaque expérience vécue, je peux analyser ce qui s'est passé, ce qui a rendu cette étape possible, ce que j'aurais pu éviter, ce que j'ai eu raison de faire, quelles ont été mes réactions et les résultats obtenus, je comprends mieux comment progresser en fonction de mes valeurs.

Ainsi, je gagne de la maturité grâce à ces réflexions qui m'auront donné des voies d'amélioration, et montré ce que je fais déjà bien.

Cette maturité viendra renforcer ma force mentale.

Quand je devrais faire face à une nouvelle épreuve, je saurais que j'ai déjà surmonté des situations similaires, et que j'ai pu soit m'en sortir, ou soit en tirer des leçons.

Je grandis au sens d'acquérir de la cohérence et de l'assurance.

Peu à peu je relativise chaque difficulté.

La force mentale est aussi de me dire : je suis la seule qualifiée à déterminer si ce que j'ai vécu est un échec. Si je décide que ce n'est pas un échec, qui pourra dire le contraire ?... Personne.

La force mentale est ce que Napoléon Hill appelle la pensée positive dans son livre « Accomplissez des miracles ». C'est en cherchant un bénéfice équivalent à ce que je vis comme épreuve, ou échec. C'est me concentrer sur ce qui est bon dans la vie à ce moment-là pour surmonter l'émotion.

En me concentrant sur le bénéfice, je ne laisse pas la place au négatif.

Bien sûr, cela n'empêche en rien d'avoir des pensées négatives, je suis un être humain, tout le monde vit des moments difficiles, mais il est utile de savoir comment chasser ce moment perturbant pour y rester le moins longtemps possible.

A travers les expériences des autres et leurs témoignages, je peux également me rendre compte qu'il suffit de passer à l'action, tout simplement.

A un moment donné, il faut sauter le pas.

Je ne peux pas rester statique dans mes atermoiements.

Ce qui induirait que je n'évolue plus.

Pourtant même en lâchant prise sur les problèmes hypothétiques, je dois accepter qu'il y ait toujours des évènements sur lesquels je n'ai aucun contrôle.

Ainsi je peux avancer.

La créativité va aussi nourrir notre force mentale en nous proposant des solutions à ce qui est vu comme difficulté ou obstacle, ou en transformant ce que l'on pense être un échec en une nouvelle étape constructive.

Laissons notre imagination déborder et trions les bonnes idées à garder.

Je pense aussi qu'il est important de prendre en compte notre finitude. Un jour, nous ne serons plus là. Il ne faut pas chercher à éviter d'y réfléchir. Bien au contraire, c'est parce que l'on sait que notre existence sur la Terre dans ce corps physique est temporaire, que je peux puiser la force d'avancer et d'aller plus loin, d'oser.

Pour ne pas regretter.

Pour ne pas avoir à me dire à l'aube de ma vieillesse, c'est trop tard, je n'ai plus l'énergie, si j'avais su.

Or je le savais, mais je ne voulais pas voir.

Je préfère croire que le temps accordé est infini, qu'il y a plein de demain, que je mourrai vieille entourée de ma merveilleuse famille.

Et pourtant, un jour...

A la radio, j'entends qu'un monsieur d'une soixantaine d'année est décédé dans un accident de voiture sur l'autoroute. C'est un lundi matin, vers 8h30. Il pensait surement qu'il avait encore le temps. Et en quelques minutes, c'est fini.

Alors prendre conscience de cela peut aussi amener notre force mentale au-devant de la scène pour dire : allez on y va, on a tellement de belles choses encore à vivre, à expérimenter, lève-toi !

Laisse le passé, à sa juste place, derrière.

Vis au présent.

Que veux tu faire de ta vie à partir d'aujourd'hui ?

Avec quoi veux-tu la remplir ?

Renforcer notre force mentale,

par Ariane Bilheran :

Nourrir nos états d'âme.

Que ce soit par le biais de la méditation, de la pleine conscience, comme d'apprendre par cœur des textes intelligents et beaux, de cultiver notre créativité. Elle nous propose de nous nourrir par l'intérieur.

Ainsi nous renforcerons notre force mentale quand il faudra faire face aux épreuves.

Être prêt - prête à tout,

Et surtout prêt - prête aussi au meilleur.

Sonia Sagawe, dessin micellaire 22.10.24

Revenir au dessin, pour gérer des émotions, grâce à

©DessineZEN, Meï Boyington

Chapitre 9

Je suis une

warrior

Vous avez le pouvoir de

- Transformer votre vie
- De traverser les épreuves.

Les épreuves sont là pour vous montrer l'étendue de ce que vous savez faire.

Ce que vous savez faire est illimité, les seules limites sont celles de notre mental.

Oser aller de l'avant.

Chaque pas que vous faites compte.

Comprenez ceci :

Un ou une Warrior de la Vie peut être affectée par les épreuves, les échecs, les trahisons, les critiques.

Cela laisse des traces, des cicatrices.

Ces cicatrices peuvent être visibles ou invisibles.

Au lieu de penser que ces cicatrices vous enlaidissent, vous déforment, levez la tête et redressez-vous.

Chaque cicatrice montre que

- Vous vous êtes battu
- Vous n'avez pas baissé les bras
- Vous êtes allé vers vos rêves
- Vous avez surmonté les épreuves
- Vous êtes sur le chemin de votre transformation en un meilleur vous.
- Vous n'aurez pas de regret, vous êtes allé au bout

- Vous êtes vivant, et que vous vivez pleinement.

Chaque cicatrice montre à quel point vous êtes déterminé à réussir.

Chaque cicatrice montre que vous avez gagné !

Soyez fier/fière de vos cicatrices :

Vous êtes un / une Warrior de la Vie.

VIVRE

Suivre un chemin

Choisir une route

Voir où cela nous mène

Oter le doute

Aller plus loin

On verra bien

Les mots nous portent

Nous emportent

Nous affaiblissent

Nous embellissent

Joie d'un sourire

Eclat d'un rire

Bonheur d'un câlin

Ensemble on est bien

Sonia Sagawe

Chapitre 10 :

Warrior de la vie

Soyez les bienvenus dans l'univers des Warriors de la Vie.

Laissez-moi vous donner ma définition de cette personne que je nomme : Warrior.

Pour moi, un ou une warrior n'est pas cette personne en armure, armé d'une épée et d'un bouclier, prête à tuer l'autre.

C'est une guerrière qui avance dans son existence avec sa résilience.

C'est une personne qui fait face aux tempêtes.

Elle ne brandit pas une épée, mais puise sa force dans sa détermination à affronter les épreuves de la vie avec courage.

Ces épreuves vont forger son moi, et la faire grandir.

Ses cicatrices seront le témoignage des ses victoire, de sa force intérieure.

Le ou la Warrior de la Vie avance, persiste malgré les revers. Elle se relève encore et encore.

Chaque larme versée va nourrir son courage.

Le ou la warrior porte une cape.

Cette cape est une cape d'invulnérabilité :

Elle semble si légère, comme si elle était prête à s'envoler face à l'adversité, légère à cause de l'incertitude de ce qui sera et pourtant elle symbolise aussi la force dans cette capacité à se relever à chaque défi.

Cette cape nous montre telle que nous sommes :

Vulnérable et fort.

Le ou la Warrior va transformer la douleur, l'épreuve en une énergie qui va la propulser, en une force inattendue, en acceptation de soi.

Chacun a la clé de sa propre vie.

Je suis bien telle que je suis,

Imparfaite et c'est parfait ainsi.

Conclusion

Je suis un être humain, je passe par des phases de découragement.

Heureusement je n'y reste pas.

Chaque pas que je fais m'emmène vers un moi amélioré, sans avoir besoin d'intelligence artificielle ou d'implant.
Simplement en reconnaissant mes doutes, mes blocages, mes dénis, et en les acceptant, pour pouvoir les dépasser.

Être un ou une Warrior de la vie :

C'est accepter d'illuminer le chemin pour ceux qui sont dans l'obscurité de l'adversité, du découragement.

C'est montrer qu'il y a des possibles, autant de possibles que d'êtres humains, car nous sommes tous uniques,

Nous sommes extraordinaires.

Nous sommes uniques.

Nous sommes des Warriors de la Vie.

OSER VISER GRAND

OSER BRILLER

OSER REVER GRAND

OSER

« Je suis le maître de mon destin,

Je suis le capitaine de mon âme »

William Ernest Henley, poète

1849 – 1903

Le poème original en anglais

INVICTUS

"Out of the night that covers me,
Black as the pit from pole to pole,
I thank whatever gods may beFor my
unconquerable soul.
In the fell clutch of circumstanceI have not
winced nor cried aloud.
Under the bludgeonings of chance
My head is bloody, but unbowed.
Beyond this place of wrath and tears
Looms but the Horror of the shade,
And yet the menace of the years
Finds and shall find me unafraid.
It matters not how strait the gate,
How charged with punishments the scroll,
I am the master of my fateI am the captain of
my soul."

Le poème traduit en français

INVICTUS

"Dans les ténèbres qui m'enserrent,
Noires comme un puits où l'on se noie,
Je rends grâce aux dieux quels qu'ils
soient,
Pour mon âme invincible et fière,
Dans de cruelles circonstances,
Je n'ai ni gémi ni pleuré,
Meurtri par cette existence,
Je suis debout bien que blessé,
En ce lieu de colère et de pleurs,
Se profile l'ombre de la mort,
Et je ne sais ce que me réserve le sort,
Mais je suis et je resterai sans peur,
Aussi étroit soit le chemin,
Nombreux les châtiments infâmes,
Je suis le maître de mon destin,
Je suis le capitaine de mon âme."

William Ernest Henley

Livres conseillés

Je vous propose une liste non exhaustive :

Développement personnel :

1. Bob Bowman : « les règles d'or de l'excellence ». Méthode en 10 étapes pour réussir dans tout ce que vous entreprendrez.

   Bob Bowman est un coach sportif qui a amené plusieurs nageurs aux médailles d'or olympiques, dont Michal Phelps – 18 fois médaillé d'or.

   Tout ce qu'il explique dans le livre, vous pouvez l'appliquer dans votre vie.

Il nous explique comment :

- Exploiter notre potentiel,
- Regarder devant nous (en tirant les leçons du passé),
- Oser prendre des risques, d'avoir une vision avec des objectifs intermédiaires,
- Avoir des efforts constants (importance du travail),
- Suivre nos progrès,
- Se rappeler qu'on ne réussit pas seul,
- De garder notre passion,
- Et célébrer nos réussites.

Il rappelle aussi que l'échec est normal.

Il va nous aider à nous rapprocher de notre vision si nous savons en tirer une leçon.

- Ryan Holiday : « L'obstacle est le chemin », de l'art de transformer les épreuves en victoire. Avec des chapitres courts, concis, et vifs, il nous donne d'excellents conseils.

« Nous devons garder à l'esprit plusieurs éléments lorsque nous sommes face à un obstacle qui nous semble insurmontable. Nous devons essayer :

- d'être objectif

- de contrôler nos émotions

- De choisir de voir le bon côté du problème

- de rester calme

- d'ignorer ce qui perturbe ou limite les autres

- de relativiser

- de revenir à l'instant présent

- de nous concentrer que ce que nous pouvons contrôler. »

- Napoléon Hill : « Accomplissez des miracles », faites en sorte que votre vie vous apporte ce que vous désirez.

Il parle notamment de changer notre état d'esprit, de le conditionner vers une attitude mentale positive.

Par exemple : « Plutôt que de hurler à l'injustice, ou de trembler de peur, gardez la tête haute, et cherchez partout pour trouver l'avantage équivalent que recèle tout revers, quel qu'il soit ! ».

« L'opposé de la peur est la foi, cette foi qui permet de contrôler ce que l'on ne veut pas et de réaliser ce que l'on veut ».

« Reconnaitre qu'on a un esprit sans limites, sauf celles qu'on s'impose nous-mêmes »

Et tant d'autres livres à lire…

Quand le soleil vient illuminer mon dessin,

Sonia Sagawe, dessin réalisé le 28.10.24

<u>Mes notes :</u>

Dieu ne met sur notre route que les épreuves que nous pouvons surmonter.

Le choix de rebondir,
La façon de le faire,
Cela nous appartient.

Courage,
Je crois en vous,
Vous allez surmonter, et rebondir.

Gardez la tête haute.
Vous êtes unique et une merveilleuse personne.

Quel rêve allez-vous réaliser ?

Quels découragements allez-vous dépasser ?

De quoi avez-vous vraiment envie ?

Vos notes, vos rêves, votre vie :

-

-

-

*

Un immense Merci à Didié Gélanor, pour m'avoir permis de donner cette conférence, de vivre ce moment exceptionnel, avec une standing ovation inattendue.

Merci de ta confiance.